Here Comes George

Aquí viene George

James M. Scott

AUTHOR AND PHOTOGRAPHER

AUTOR Y FOTÓGRAFO

Book Publishers Network
P. O. Box 2256, Bothell, WA 98041
425-483-3040 www.bookpublishersnetwork.com

10 9 8 7 6 5 4 3 2 1

ISBN   978-1-945271-69-4
LCCN   2017948776

George lives on the shores of Hood Canal in Washington State. For many years, he and his mate, Georgina, have chosen the Scotts' beach as their home.

George vive a la orilla de Hood Canal en el estado de Washington. Por muchos años, su compañera Georgina y él han hecho su hogar en la playa de la familia Scott.

1

George soars high above the blue waters and colorful rocky beach.

George vuela alto sobre las aguas azules y la playa colorida y rocosa.

A lazy doze or cruise along the shoreline is a good thing!

¡Una siesta agradable o un paseo por la orilla son algo bueno!

George's feathers are white until the winter months when they become a dark gray.

Las plumas de George son blancas hasta que se tornan gris oscuro durante los meses de invierno.

George sends a stern message to other gulls to stay off his beach. Often, he nudges and herds other gulls off when there is competition for food or they stay too long.

George claramente les deja saber a otras gaviotas que deben permanecer alejadas de su playa. Con frecuencia, cuando compiten por comida o se quedan demasiado tiempo, George empuja y espanta a las otras gaviotas para que se vayan.

4

Off my beach!
¡Fuera de mi playa!

Perching on the deck or bulkhead offers a relief from the rocky oyster-covered beach.

Posarse en la cubierta o en un mamparo ofrece un descanso de la playa rocosa cubierta de ostras.

6

Landing is harder than takeoff for a seagull. Its webbed feet are often cut on the sharp oyster shells.

Para una gaviota, aterrizar es más difícil que despegar. Con frecuencia, las conchas afiladas de las ostras les cortan sus patas palmeadas.

George stretches showing off his flexibility.

George se estira y presume de su flexibilidad.

8

And he scratches that irritating itch.

Y se rasca esa picazón fastidiosa.

George lands many times on the deck posts. His tail turns down and becomes a brake.

George aterriza muchas veces en los postes de la terraza. Mueve la cola hacia abajo y esta le sirve de freno.

Lifting his wings up allows him to land.

El levantar sus alas le permite aterrizar.

George shares the shoreline with many other birds and sea life.

George comparte la orilla con muchos otros pájaros y vida marina.

The opening in George's beak allows
him to breathe and to flush excess salt
from his body. A runny beak does
not mean George has a cold!

*La apertura en el pico de George le
permite respirar y expulsar el exceso de
sal de su cuerpo. ¡Un pico que gotee no
significa que George tenga un resfriado!*

Instinctively, gulls look up, a lot!

¡Instintivamente, las gaviotas ven mucho hacia arriba!

When an eagle, their fierce enemy, shows up, gulls scatter.
Eagles can spot easy prey such as ducks and old seagulls.

*Cuando aparece un águila, su feroz enemigo, las gaviotas se
dispersan. Las águilas pueden ver presas fáciles como patos
y gaviotas viejas.*

All is clear for landing.

Todo está despejado para el aterrizaje.

16

When yawning or stretching his jaw, George reveals his forked tongue and large open gullet. Gulls are scavengers and will eat most anything, keeping the beaches clean.

Cuando bosteza o estira su mentón, George expone su lengua bifurcada y su gran esófago abierto. Las gaviotas son animales carroñeros y comen casi de todo, de esta manera mantienen las playas limpias.

Once a year, most adult seagulls fly to the coast to raise chicks. After twenty-seven days, the chicks hatch. George is an attentive father and sits on the eggs to keep them warm. When the chicks are strong enough for the flight home, the Hood Canal flock gathers for departure. The adults know the way home, and the chicks will have to remember how to return someday.

Una vez al año, la mayoría de las gaviotas adultas vuelan hacia la costa para criar a sus polluelos. Los polluelos nacen veintisiete días después. George es un padre atento y se sienta sobre los huevos para mantenerlos calentitos. Cuando los polluelos son lo suficientemente fuertes para volar a casa, la bandada de Hood Canal se reúne para partir. Los adultos conocen el camino a casa y los polluelos algún día tendrán que recordar cómo regresar.

Only time will tell whether this chick will become a Georgia or a George junior.

Sólo el tiempo dirá si este polluelo se convertirá en una pequeña Georgina o un pequeño George.

For several months or more, only immature and older gulls without mates remain at the Hood Canal. It's a quiet time, and the Scotts keep looking down the canal for signs or sounds of George's flock.

Finally, announcing their arrival over the rooftops, George and his flock make a glorious return of flapping wings and screeches.

Por varios meses o más, sólo las gaviotas jóvenes y las más ancianas que carecen de pareja permanecen en Hood Canal. Son meses silenciosos y la familia Scott constantemente ve hacia el canal en búsqueda de señales o sonidos de la bandada de George.

Finalmente, George y su bandada anuncian su llegada triunfal sobrevolando los techos, batiendo sus alas y chirreando.

Georgina is the cutest chick on the beach.
She mostly gets her way.

Georgina es la polluela más linda de la playa.
Casi siempre se sale con la suya.

With her wings held above the surf, Georgina looks for what the tide may have washed ashore.

Manteniendo sus alas por encima de las olas, Georgina busca en la orilla algo que la marea haya dejado atrás.

Mates for life. . . scavenging, preening, gull talk.

Compañeros para toda la vida… buscando comida, limpiándose y acicalándose, comunicándose en el lenguaje de las gaviotas.

Simply sharing a scene makes this a happy gull marriage.

El simplemente compartir una vista hace de éste un matrimonio feliz entre gaviotas.

George always has a lot to say.

George siempre habla mucho.

A gull stroll down the beach, as Georgina listens, soon brings them close together. Maybe they are planning the trip to the coast!

Un paseo de gaviotas por la playa, mientras Georgina escucha, pronto los acerca más. ¡Quizás están planeando un viaje a la costa!

"Yes, Georgina, I'm listening."

"Sí, Georgina, estoy escuchando."

George's feathers do not grow all over his body.
They grow in areas called feather tracks.

Las plumas de George no crecen en todo su cuerpo.
Ellas crecen en áreas denominadas pterilos.

Down feathers grow in between feather tracks. They are extremely small and protect George from very cold weather.

Los plumones crecen entre los pterilos. Son extremadamente pequeños y protegen a George del clima muy frío.

"Georgina, where are you?"

"Georgina, ¿dónde estás?"

On a late summer afternoon, George waits on the picnic table, his favorite place, looking for human activity.

Una tarde a finales de verano, George espera posado sobre la mesa de picnic, su lugar favorito, esperando ver algún movimiento humano.

Gulls drink both salt water and fresh water.

Las gaviotas beben tanto agua salada como agua dulce.

George likes either a bowl or the bird bath.

A George le gusta un plato hondo o la bañera para pájaros.

Sharing warm beach rocks with Georgina is one of George's favorite activities.

Compartir las rocas tibias de la playa con Georgina es una de las actividades favoritas de George.

George also likes being loud and bossy plus showing off!

¡A George también le gusta hacer mucho ruido, ser mandón y presumir!

The disappearing
head trick.

El truco de la cabeza
que desaparece.

Don't try this at home.

No intente hacer esto en casa.

"I'm listening. . . .Say that again."

"Estoy escuchando… Repítemelo"

40

"Hello! Where is everyone? Time for morning coffee!"

"¡Hola! ¿En dónde están todos? ¡Es la hora del café de la mañana!"

"Come in, George."

"Entra, George."

"Good morning, George. Make yourself at home."

"Buenos días, George. Siéntete en casa."

"Frozen fish? I'll pass."

"¿Pescado congelado? Paso.

"Curious looking tree."

"Este árbol tiene una aparicencia muy peculiar."

George is no ordinary gull. How many birds like to spend their evening around the campfire? George prefers unroasted marshmallows.

George no es una gaviota común y corriente. ¿A cuántas aves les gusta pasar sus noches alrededor de una fogata? George prefiere los malvaviscos sin rostizar.

Just stopped by for coffee and to check the sports page. How about those Hawks!

Sólo vine por un café y para leer la sección de deportes. ¡Qué tal esos Hawks!

Human/bird bonding on a lazy summer afternoon.

Creando un vínculo especial entre humanos y aves durante una tarde relajada de verano.

"Don't worry, George. Becoming an old bird is part of life. Just keep an eye on that eagle."

"No te preocupes, George. Volverse un pájaro viejo es parte normal de la vida. Sólo debes estar pendiente de esa águila."

George is a spoiled bird. That's the last treat for today.

George es un pájaro consentido. Esta es la última golosina del día.

George's surprise birthday presents.

Regalos de cumpleaños sorpresa para George.

We all join in singing happy birthday. George finds his treat and then invites his family and gull friends to a gull birthday party!

Todos cantamos cumpleaños feliz. ¡George encuentra su golosina y luego invita a su familia y gaviotas amigas a una fiesta de cumpleaños de gaviotas!

News travels quickly on this beach!

¡Las noticias vuelan en esta playa!

Soon, the party turns into a free-for-all, the perfect seagull birthday party!

Muy pronto la fiesta se vuelve un caos, ¡la perfecta fiesta de cumpleaños de gaviotas!

Below, George screeches to his party guests to share, something gulls do not do!

Abajo, George le grita a sus invitados para que compartan, ¡algo que las gaviotas no hacen!

George seems concerned. That's a large piece of birthday cake to swallow, even for a gull.

George parece estar preocupado. Es difícil tragar ese pedazo de pastel, es demasiado grande, hasta para una gaviota.

When no one is looking, a scavenger steals the bag of party favors, and down the beach it flies!

Cuando nadie está viendo, un animal carroñero se roba la bolsa de recuerdos de la fiesta, ¡y vuela por la playa!

Eventually, the thief is caught. The party favors and guests end up in the salty tide.

Eventualmente, atrapan al ladrón. Los recuerdos y los invitados terminan en la marea salada.

Touchdown!

¡Éxito!

A beautiful seagull sunset on Hood Canal.

Una hermosa puesta de sol de gaviotas en Hood Canal.

The end to a perfect day.
El final de un día perfecto.

"George, let's sing your favorite campfire song."
"George, cantemos la canción que más te gusta durante las fogatas."

The more we get together
the happier we'll be.

*Mientras más nos reunamos
más felices seremos.*

Facts about Gulls

- Gulls are endangered.
- George is a glaucous-winged gull.
- Gulls have thousands of feathers.
- Gulls have an oil gland at the base of their tail that is rubbed with their beaks and then distributed to all their feathers.
- Gulls eat fish, crab, insects, worms, bird eggs, seaweed, berries, and Tostitos.
- Seagulls mate for life.
- Female gulls lay two or three eggs.
- Gulls can live twenty or more years if they eat well and take care of their wings.

Discussion Questions

- What is a gullet?
- Why does George have a second claw halfway up his leg?
- What is a scavenger?
- Do seagulls have enemies?
- Why do gulls have an opening in their beak?
- What is preening?
- Would seagulls make a good household pet?

Datos sobre las gaviotas

- Las gaviotas están en peligro de extinción.
- George es una gaviota de Bering.
- Las gaviotas tienen miles de plumas.
- Las gaviotas tienen una glándula sebácea en la base de su cola que frotan con sus picos y luego distribuyen el sebo a todas sus plumas.
- Las gaviotas comen pescado, cangrejo, insectos, gusanos, huevos de aves, algas, bayas y Tostitos.
- Las gaviotas tienen la misma pareja para toda la vida.
- Las gaviotas hembras ponen entre dos y tres huevos.
- Las gaviotas pueden vivir por veinte años o más si comen bien y cuidan sus alas.

Preguntas para debatir

- ¿Qué es un esófago?
- ¿Por qué George tiene una segunda garra a mitad de su pata?
- ¿Qué es un animal carroñero?
- ¿Tienen enemigos las gaviotas?
- ¿Por qué tienen las gaviotas una apertura en su pico?
- ¿Qué es limpiarse y acicalarse?
- ¿Serían una buena mascota las gaviotas?

62